시의 몸부림

CHOI IN RAG POEMS

시의 몸부림

최인락 여덟 번째 시집

도서출판 명성서림

여덟 번째 시집을 내면서

한 줄의 시가 채 여물지도 않았는데
벌써 온몸이 간지럽다
천년을 향한 몸부림인가
흩어진 우주의 지혜를 긁어모아
인류의 정서를 구원하고자 팔을 걷어 부쳤다

허공에 용솟음치는 수많은 시어들
갑자기 어디로 튈지 몰라
인간의 감성대로 줄 세우려 마라
목마르게 깊이 갈망하면
제 스스로 자유스러운 멋들이 모여
한 시대의 장엄한 역사 이룰 것

영원한 꿈의 시작
말이 아닌 온몸으로 인류를 위해 태어난다
세월아 너무 조급하지 마라
가다가 시 한 수로 쉬어감도
인간만이 누릴 수 있는 유일한 여유라

― 본문 "詩의 몸부림" 전문

세상에 알아들을 수도 없는 소리들이 무수히 떠 다니고 있다.

인간의 말, 새소리, 파도치는 소리, 솔바람 소리들 이토록 아무것도 알 수 없는 것들이 제 멋대로 흩어져 허공에서 제 갈 길도 없이 그냥 세월에 묻어 흐르고 있다.

내 우둔하여 아무것도 알아들을 수 없기에 그저 답답할 뿐이나 소리 너라도 언제나 자유롭고 활발하니 얼마나 다행스러운가.

분명한 것은 이 모든 것들이 생명의 소리요 詩다.

하늘 한번 먼산 한번 하다가 보니 한 줄의 詩가 생긴다 이러다가 더 깊은 시심으로 빨려든다.

헝클어졌다 펴졌다를 몇 번인가 그냥 그 환상 속에서 헤어나지도 못하는 나만의 희열을 여기서 맛본다.

아무것도 아닌 것인데 몇 번이나 들어 올렸다 매치고 다듬고 버렸다가 다시 줍고 하는 동안 쓴 글들은 보이지 않고 어느새 높은 곳에 올라와 있어 나도 모르는 새로운 세상 구경을 아주 쉽게 하고 있으니 잠시 신선이 이럴까 싶다.

"너도 그러한가"

공상 속이라 오르기 쉽고 날아다니기도 쉬우나 아무도 보는 이가 없어 혼자서도 즐거우니 이를 어쩨.

몇 줄 그어 놓고 과거 현재 미래의 인생사 희로애락이 바로 여기에 있는 것을

후일 이 광경을 독자가 판단하시겠지

2025년 6월 최인락

차례

05 | 여덟 번째 시집을 내면서

1 왜 미련을 못 버리나

17 | 가슴에 새기는 사랑
18 | 건망증은 알아
19 | 경로석의 얼굴
20 | 고희연古稀宴
21 | 긴 머리 소녀야
22 | 꿈아 1
23 | 꿈아 2
24 | 낭군 소식
25 | 눈의 고민
26 | 돌 부부의 사랑
27 | 배고픈 자
28 | 분가하는 날
29 | 소원의 길
30 | 슬픈 둥지야
31 | 시샘하는 세월
32 | 어버이날에
33 | 외로운 노모
34 | 주인 잃은 빨랫줄
35 | 창공의 고민
36 | 천식天食 먹는 자
37 | 칠순 놀이
38 | 하얀 밤
39 | 혈육의 정

2 역사는 어디까지인가?

4월의 봄 | 43
갈 곳 잃은 세월 | 44
경지警知를 찾아서 | 45
공포의 비밀 | 46
남강의 눈물 | 47
너드랑 소나무야 | 48
눈칫밥 인생 | 49
다리 밑에도 봄은 오는가 | 50
둥지 지키는 노모 1 | 51
둥지 지키는 노모 2 | 52
묵은지 탄생 | 53
부처님 오신 날 | 54
빨랫줄의 미련 | 55
새벽에 찾은 진실 | 56
선남선녀 사랑 | 57
선비 정신 | 58
세월은 병자 | 59
시詩의 몸부림 | 60
와인갤러리 | 61
적막寂寞 속 | 62
정토일념淨土一念 | 63
죄인의 몸부림 | 64
푸른 꿈을 그려라 | 65
하얀 사면赦免 | 66
화마흔火魔痕 | 67

차례

3 물이 흐르는 곳에는

71 | 가고파라
72 | 공원의 밤
73 | 남강의 밤
74 | 남강의 애환
75 | 남강의 푸른 멍울
76 | 둔치의 건강 교실
77 | 모래의 꿈
78 | 모래의 소명
79 | 물 비린내
80 | 바다 휘파람
81 | 반가운 빗물 1
82 | 반가운 빗물 2
83 | 비 오는 날
84 | 빗방울의 꿈
85 | 영천강 아침상
86 | 우포늪은
87 | 지리산의 눈물
88 | 진양호 달래기
89 | 칠순 바다야
90 | 해무海霧
91 | 호우 특보
92 | 흙탕물은 1
93 | 흙탕물은 2

고구마꽃 | 97
고추의 매력 | 98
국화의 꿈 | 99
까치 하는 말 | 100
난초의 매력 | 101
딸기꽃의 비밀 | 102
땅콩 줍는 날 | 103
밤꽃 사랑 | 104
붉은 농심 | 105
비비추는 안다 | 106
빈집의 망초야 | 107
산딸기 멋 | 108
산죽의 꿈 | 109
쇠뜨기 일생 | 110
오월의 농심 | 111
완전 범죄는 없다 | 112
제주 흑돼지 | 113
조팝나무의 함성 | 114
종려나무의 고백 | 115
주홍나물 | 116
지구촌 딸기 | 117
짝 잃은 뻐꾸기 | 118
칡덩굴의 꿈 | 119
행복한 억새 | 120

4

알곡은 여름을 먹는다

차례

5 극기온의 매력은

123 | 가을 문특인가
124 | 가을 소식
125 | 공원의 봄
126 | 금조각 소리는
127 | 기후야 울지 마라
128 | 꽃그늘의 멋
129 | 꽃망울의 꿈
130 | 낙엽의 고민 1
131 | 낙엽의 고민 2
132 | 내공하는 화분아
133 | 녹색 향 일기
134 | 단비의 공로
135 | 동장군의 위용
136 | 만추 이야기 1
137 | 만추 이야기 2
138 | 봄비 개이니
139 | 비 갠 틈
140 | 살인 폭염
141 | 서글픈 낙엽아
142 | 숲 속 청설모
143 | 익어가는 4월아
144 | 폭염 뜯는 사람들
145 | 폭염 탓 아니야
146 | 하얀 눈가루

6 우주의 생각을 찾아서

계곡물의 철학 | 149
곡선의 멋 | 150
나무 빗자루 | 151
낙숫물의 애환 | 152
낮 달아 | 153
녹음의 예술 | 154
마이산의 귀 | 155
봉래산의 진실 | 156
봉명산의 넋 | 157
비 갠 4월은 | 158
비 맞는 공원 | 159
빗물과 나팔꽃 | 160
새싹의 너울 | 161
선학산 일기 | 162
송비산 무거운 옷 | 163
송비산의 천사 | 164
신록 예찬 | 165
아지랑이 진실 | 166
아침 녹음상 | 167
익어가는 오월 | 168
칠선 계곡 1 | 169
칠선 계곡 2 | 170

1 왜 미련을 못 버리나

가슴에 새기는 사랑

느지막이 치매의 길에 들어선 할머니
손주에게 용돈 주고도 못 준 것이
늘 가슴 아프게 새겨져 있어
요양 중 만날 때마다 소망해

그 유언 받들어
손주들 손에 끈끈한 사랑 꼭 쥐어주니
할머님 사랑 맥박이 크게 울린다
어떻게 감사해야 할지
마구 뛰는 작은 가슴 진정이 안 돼

영원한 가족 사랑
말 없는 영의 메시지
내리사랑길
홀가분히 떠나가시는 할머님 뒷모습
뜨거운 눈물로 배웅하건만 아무 대답이 없네

건망증은 알아

나이가 뭔지
무거워지는 몸이 자꾸 게을려가
생각 한 점씩 날아가고
한평생 온전할 것이라 믿었는데
머리에 빈틈이 생겨 샛바람 소리나

한창 집중해야 할 시각
정신 바짝 차려도
금방 손에 쥔 폰이 흔적조차 없어
관중 뒤에서 마술 연습하는 것 같다
마술이라면 답은 있는데
건망증아 너는 알고 있지

어쩐지 단 한 번의 울림도 없어
같이한 정이 있는데
네 없으니 시간이 이대로 멈춰지네
할 수 없이 차 문을 여니
운전석에서 멋쩍게 웃고 있다

경로석의 얼굴

모처럼 대중교통 길
중학교 중간고사 치른 하굣길에
버스 입구부터 꽉 차
나도 모르게 인파 속으로 빨려 들어
옛 통학 막찻길에 섰네

빈틈없는 입석 통로
한 발은 들고 있어야 할 판
선뜻 일어나는 어린 학생
제도 쉬 빠져나오지 못하면서
서둘러 앉으라네

생전 처음 맞는 황당한 자리
버스 흔들림은 어서 앉으라 하고
내심은 아니라고 사정없이 꾸짖는다
그 학생은 사라지고 까만 빈 의자만
날 빤히 쳐다본다

고희연 古稀宴

칠순들만 한 곳에 모여
자유 먹고 신나게 노는 날
지금껏 자신을 억누르고 살아온 인생
막 폭발하는지 참으로 시끄럽다
차가운 경칩에 우는 저 개구리 소리도 이럴까
어설픈 술기운에 모두가
최고라 우겨도 아무도 거절 않네

올챙이 시절 그 험난한 길
어렵사리 잘 극복해 여기까지 왔어
모두 눈물겨운 감사로
넓은 바다 청중 위에서 우리들만의 자축행사
나라건설에 청춘을 받친 진정한 공로자들
우리는 영광스러운 역사 이룬 큰 일꾼

나도 모르게 휙 지나간 긴 세월에
고희 중절모자 꼭 눌러써 보니
어설픈 풋 칠순이라
눈에 익지 않아 품위가 영 없어
내 진정한 고희는 아직인가

긴 머리 소녀야

공원길에 치렁치렁 뛰어노는
긴 머리 소녀야
네 나이 몇 살이니
열두 살요
자매 간 장난질에 공원도 따라 신이 난다

순간
너와 나 사이 불과 1미터 거리건만
그 사이에 환갑 하나가 휙 지나갔어
보이지 않는 긴 세월아
허
무슨 마술 속에 본 번갯불인가

순수한 꿈아
네가 쿵쿵 뛰어다닐 때마다
네 긴 머리가 이리저리 출렁이니
가로수가 선명하게 젊어오고
새 우는소리가 정겹다

꿈아 1

꿈아
너는 날 알아보겠는가
내 작은 소망 이 몸에 심어놓고
굳게 맹세하였던 어릴 적 기억들

난세 속 무작정 달렸는데
가는 곳마다 첩첩산중
눈앞을 가리는 온갖 혼전混戰 앞에
방황하는 순간
너는 언제나 바른길로 인도했어

어려울 때마다 헤쳐나갈 작은 틈 알려
헛발질해도 용기 준 너
덕분에 여기까지 참 잘 왔어
칠순에 너를 보니
너와 난 둘이 아닌 한 몸이었어

꿈아 2

어릴 적 아름다운 꿈만 먹었던지
언제나 목표 앞에서는
고지를 넘을 수 없어 포기할 순간
용기로 이끌어 준 너

수많은 극환 상황 좌절할 때마다
어려움에 서서 함께 고민해
헤쳐나갈 틈을 주었지
이제는 지칠 만도 한데
그 지혜로움은 영원해

세상이 이토록 밝은데도
숨은 늪이 언제나 도사리고 있어
비켜 갈 줄 모르는 외고집 하나로
오직 한 꿈에만 매달리니
성취감에 웃는 내 꿈아

낭군 소식

산너머 불어오는 훈풍아
도저히 피할 수 없는 이 현실
저 먼 곳에 날 그리워하는 내 낭군인가
언젠가는 꼭 오신다고 했어
오늘따라 더 애가 타

저 산 너머에는
나의 바람도 불고 있을 것
낭군의 향기가 여기까지 전해오는데
다른 나는 아닐 거라고 성급하게 운다

옷깃으로 파고드는 이 훈풍
온몸을 간질이더니
귓전에서 자꾸 속삭이는
내 낭군의 짙은 입김일까
이 작은 가슴이 그새 뛰고 있었어

눈의 고민

희뿌연 세상
먼지 가루 외엔 아무것도 안 보여
저 많은 먼지 중
내점 하나는 어디 있을까
보일 때까지 자꾸 비벼본다

세상 모든 눈들을 흐려놓으니
저 하늘도 회색으로 늙어가
아무리 크게 뜨고 깜박여도 변하지 않아
어찌 이리도 분명하지 않을까
정말 멍청한 세상아

저 멍청은 종일 나만 보고 있어
아무 말도 않고 빈 눈물만 흘려
회색이 판치니
내 영靈이라도 총명하면
세상 밖이라도 볼 것인데

돌 부부의 사랑

고요한 밤
언제나 귀엣말로 소곤소곤
소리 없는 둘만의 행복이 솔솔 피어나
어둠에 섞인다

언제부터인지
세상 부러움 한 몸에 받아 온 돌부부
누가 보든 말든 항상 즐거워
보는 이 마다
저 진정한 행복 한 줌씩 갖고자 해

요란 떨지 않는 저들의 사랑
폭우 폭염 한파가 제 아무리 때려도
누구도 막을 수 없어
각박한 이 세상에도
변함없는 저 돌부부 사랑은 영원해

배고픈 자

남은 음식 버리는 자
잔반통을 뒤적이는 자
같은 음식통 앞에서
누구는 웃고 우는 두 사람아

누구의 잘못인가
자존심을 넘어선 배고픈 자
언제든 먹어야 살아갈 생명선 앞에
며칠을 굶으니 하늘이 노래져
부끄러움 따윈 사치인걸

인간아
배 부르다고 으스대지 마라
배고픈 저 고통을 네가 어찌 아나
굶은 자 죄 아니니
버려지는 음식 앞에서 더 용감해져라

분가하는 날

추석이 온 집안을 들쑤셔놓더니
그새 모두 떠나간 텅 빈집이라
유례없는 적막에 중년은 할 말을 잃었네
허탈하고 울적한 이 공간
아무리 찾아도 우리에겐 위로 한 점 없어

같이 있을 때 그렇게 애물단지 더니
얼른 떠나 독립하길 갈망했는데
무엇이 그렇게 답답했는지
가슴 쳐 원망했는데
금세 할 말 잃고 멍한 가슴아

떠나가는 자식들
뒤 돌아보고 손 흔들건만
어찌 이다지도 아쉬운가
내 부모님 사랑도 이랬을 것
아직도 저 방구석엔 그 흔적 하나 뒹구는데

소원의 길

빌기로 소원하면 이뤄질까
인간의 한계는 어디
손주 위해 주야로 빌고 빌어
네가 신이라면 어떡하겠나

인간의 한계를 넘는 그 간곡한 염원
신만이 할 수 있기에
염치없는 요행 길뿐인가
아무래도 부족해지는 정성아

정한수에 소원 하나 올려놓고
이 한 몸 부서저라
오직 한 집념으로 혼신 다하시는 할머님 사랑
아직도 빈 장독대 기도 소리 들린다

슬픈 둥지야

세월에 모두 밀려나고
빈 둥지만 덩그러니
길 바람 혹 누가 왔을지 몰라
크게 두들겨 흔들어 보건만
인기척 한 점 없자 뭐라고 구시렁거린다

부지런히 다녔던 숨은 발자국들
모두 기억 속에 숨어들고
주인 잃은 빈 둥지만 등궐
넓은 마당에 솟아난 저 많은 잡초들
모두 제가 주인이라고 떠들어
비바람이 휩쓸어도 비킬 줄 몰라

찾아온 옛 인걸
무단 점령한 저 수풀이 괘씸해
모두 제거하니
어찌 예전의 정겨움은 없어
흠뻑 젖은 이 땀도 옛날 같지 않을까

시샘하는 세월

고희가
첫 나들이 하려는데
몸은 귀찮다고 그냥 여기서 놀자 하네
예순이 긴장을 푸니
그새 퀴퀴 묵은 세월이 찾아와
게으름을 더 부추키고 있어

한창때는 여유는 사치라
앞만 보고 달렸는데
갑자기 생소한 세월이 닥치니
놀 줄 모르는 근시 인생아
늦게나마 얻은 이 알량한 시간을
어떻게든 쓰고 싶어

돌아보니 내 젊음 다 훔쳐간 너
수십 년을 더 먹고도 말없이 달아나
내 평생을 다 먹어선지
제만 생생하면 그만인가
이제와 이 고희도 빼앗으려 하는가

어버이날에

어린 고희에게도 어버이날은 있는가
카네이션 달아보니
참으로 어색하고 부끄러워
손주 몰래 살짝 내려놓는다

요양원에 계신 어머님 생각에
도저히 달고 있을 순 없어
오늘만 밋밋한 안부 하나 허공에 띄우고
못된 세월은 정을 퇴색시켜
자꾸 멀어지게 하는가

아직은 아닌데
곁에서 보고 주물러봐도
옛정이 점점 멀어져 가
어릴 적으로 돌아갈 수 없을까
이간질시키는 저 못된 세월이 더 원망스럽다

외로운 노모

어릴 적 아늑했던 우리 보금자리
세월이 모두 밀어내고 노모만 홀로 돼
이제는 한 가닥 가족 구심점으로 남아
집 하나 몸 하나
불어오는 차가운 바람이 더 두렵다

오늘도 양지에 앉은 오후 일상
휑한 길에는 길손 하나 없고
몹쓸 바람은 자꾸 옷깃을 파고들어
이 추운데 내 새끼들은 어떤지
무심히 뒹구는 저 낙엽도 세월이 아쉬운지
가다 서다 하는구나

황량한 저 넓은 마당은
힘없는 노모만 보고 있건만
멀리 떠난 자식들 얼마나 바쁜지
안 들려도 그럴 줄 알 것이니
따뜻한 안부 하나 던져주면

주인 잃은 빨랫줄

언제나 양팔 힘껏 벌린 채
잘 씻은 옷가지 척척 받아 걸고
마냥 좋아라
임 앞에서는 궁둥이 흔들어 춤추었지

두 팔이 늘어지도록 무거운 옷가지들
긴 작수발 곧추 세워 오래 버텼지
곱게 곱게 잘 펴 정성껏 말려
바람에 날리지 않게 꼭 붙잡아 버텼지

해 기울어 임 손에 순순히 내어 주고
말없이 주고받은 그 칭찬이 자꾸 그리워진다
저 안방의 옷걸이도 나 같을까
오겠다는 기약도 없는데
언제까지 이렇게 빈 팔로 서 있어야 하나

창공의 고민

세상이 조용해지는 날엔
모처럼 창공도 활짝 웃고
귓전에 들리는 자연의 숨소린가
아름다움이 가득해진다

희뿌연 미세먼지가 창공을 먹을 때
모두 입을 봉하고 눈도 감는다
조용한 녹음 속에서
걸려 마시는 이 청량함은
자연이 주는 깨끗한 선물

대우주 공간 어디든
따라다니는 온갖 뿌연 오염은
모두 인간이 저지른 대 죄악
오늘도 뿌연 하늘만 불쌍해

천식天食 먹는 자

아지랑이에 솥단지 걸고
고슬밥 곱게 지어
첫새벽이슬에 산나물 씻어
우주 기氣 콕 찍어 큰 쌈 한 입
신들만 즐기는 천식이라

벌써 창공이 가까이 내려와
속에든 온갖 오욕 씻는 사이
어린 가슴 간지리는 훈풍은
연 노란 새싹을 틔우니
더디어 해묵은 세월이 슬슬 녹는다

배불러 양팔 베고 누워
확 트인 삼라만상이 참으로 아름다워
이 작은 뼘으로 재어보니
방대한 대 우주도
모두 내 손안에 있네

칠순 놀이

수면 위에 떠 노는 칠순은
한 세월이 일궈온 연륜들
바다도 제 몸인 양 꼭 껴안고
아늑한 품으로 위로해

짭짤한 바닷바람에
축하 공연하는 갈매기야
높은 창공을 휘감아 도는 저 곡예 춤사위
언제 저렇게 훌륭한 예술을 품었을까
바다도 웃으니 잔잔한 주름만 늘어나

베이비부머 지나온 칠순들
짠 세상에서 얼마나 담금질받았던가
세상을 먹여 살린 공로
한없이 넓은 바다야
짙푸르게 멍든 창공아
이 모두가 님들의 고귀한 작품이었어

하얀 밤

캄캄한 한밤중 고요도 잠든 밤에
혼자서 몸부림치는 작은 삭신 하나
어둠이 깨끗이 지워버린 하얀 밤에
억지로 눈 감으니 더욱 밝아와
쓸데없는 빈 망상만 먼 우주를 떠돈다

배부른 풀벌레는
밤새껏 한 목소리로 산골짝을 찢어대고
낮에 쌓인 노독 다 뱉었는지
지친 몸 재충진하는 시간
이 땅의 지혜로운 보초들

칠십 평생 부려온 이 삭신은
무거운 업보 한 점 떨치지 못하고
자꾸 꼬리 무는 얄미운 미련에
이 작은 가슴 자꾸 헝클어져
아 오늘 밤도 소득 없이 하얗게 새려나

혈육의 정

먼 타국 지구촌의 내 살점 하나
가족 정 못 잊어
8년 인내 쌓아 놓고
단걸음에 달려온
부끄럼도 모르는 어설픈 아양아

옛적 젖 먹던 모습 없고
오랜 세파 속 담금질된 내공인가
익숙한 저 숨소리만 혈육의 정표라
이 국 만 리 떨어져
꼭꼭 눌려온 저 그리움 하나

새롭게 만져보는 내 보석은
그리운 풋 내음이 배였어
혹시 떨어질지 몰라
엄마 가슴 깊이 파고드는 저 응석이
조금도 어색하지 않아

2 역사는 어디까지인가?

4월의 봄

꿈꾸는 훈풍이 산마루를 휘감아
송홧가루 무더기로 흩뿌리니
오늘도 잘 익어가는 4월아
곁에 온 미세먼지도 같은 꽃가루라고 우긴다

희뿌연 허공에는
송홧가루가 연기로 피어올라
이제는 더 이상 빈 허공이 아니니
세상을 꽉 채운 솔향기는 국경도 없어

봄볕 쏟아지는 날
수목들 서로 경쟁하는 녹음색 행보
무조건 신선한 세상으로 짙게 덮어가고
창문 속에 갇힌 사람은 그저 구경만 하네

갈 곳 잃은 세월

세월을 짊어진 저 하늘도
그저 회색으로 희미해
이제는 제도 늙어가는지
그냥 모르는 척
비구름에 대충 씻겼는지 움직임도 없네

땅 위에 세월 한 줌 뿌려놓고
미련 없이 떠나가는 저 심사
인간은 아무것도 모르고 아웅다웅 늙어가
세월 낭비도 모르고 헛세월이라 하나

저 무성한 수풀도
한겨울 땅속에 잠시 숨었다가
훈풍 소식에 다시 기어 나와
온 세상 제 젊음으로 감동시키니
도대체 너의 기준은 어디서부턴가

경지警知를 찾아서

이제 내 혼미함을 모두 털어버리고
마냥 자유롭고 싶어
두 눈 조용히 감고 무한 속으로 깊숙이 들어가니
어디서 새로운 세상이 넓어 온다

못 보았던 것들
나도 모르게 덮어진 많은 사연들
엉뚱한 욕심까지
모두 부질없는 온갖 오염들로 가득 차있어
이래서 인간마다 제 걱정이 떠나질 않았네

저 많은 업보들
지금껏 어떻게 지니고 다녔을까
고희가 곁에 와
여태껏 미련 못 버린 탓이라니
이제 어떡해야 저 옷 벗고 더 진실해질까

공포의 비밀

금방 떨어지는 꽃잎도 쭈굴 져 힘없고
흐르는 노랫소리도 즐겁지 않아
허리 한번 못 펴보고 굽은 저 노송은
어찌 숨소리조차 못 내고 있는지

지나는 길손마다 굳은 인상
모두 제 입 봉하고 갈길만 재촉해
온 사회가 꽁꽁 얼었어
숲 속엔 무거운 공기로 가득하고
산새도 눈물 없이 우네

허공은 입 꼭 다물고
팬데믹 검은 공포만 말없이 눌리는 세상
저기 고목 쫓는 딱따구리야
지금이 얼마나 아프면
저렇게 죽어라 쪼아 대는가

* 팬데믹(pandemic) : WHO가 선포하는 감염병 최고경고 등급 세계
  적으로 감염병이 유행하는 상태를 말한다

남강의 눈물

남강물이 짙푸른 것은
뼈아픈 역사에 멍든 것
강풍 일고 폭우가 쏟아져도
지워지지 않는 산 역사의 얼굴
이 아픔 벗으려는 선열님先烈님들 몸부림

논개의 빛나는 황금 가락지
열 손가락 모두 끼운 채
옛 각오에서 한 발자국 흐트러짐 없어
대첩하고도 비운에 울어야 했던 날
그날이 오면 짙푸른 물결이 일어서고
검은 하늘에서 피눈물이 쏟는다

언제나 짙푸른 남강은
나라의 안위가 시끄러울 때마다
거친 물결로 울고
선학산 선조님의 고함치는 소리가
온 세상을 쩡쩡 울린다

* 남강 : 경남 남부로 흐르는 낙동강의 지류로 진주시내를 관통하고 있다

너드랑 소나무야

험난한 너드랑에
꾸부정하게 웃는 억센 소나무
가뭄 바위틈 생명수 한계에도
극한 생명 유지해 온 세월에
올바른 모습 따윈 사치라

하늘은 작은 숨소리까지 꼭 붙들어
푸른 생명 안전한 공간에 심어
생명수 한 모금으로 천 년을 버텨가
자람이 온전하지 않아도
제 못난 탓은 안 해

나이가 만든 이 거친 피부는
누구도 못 따라올 것
하늘이 내린 이 예술 작품 하나
손대지 말고 눈으로만 보시라
이 짧은 송곳 이파리 꼿꼿이 세워
센 바람 찢는 소리가 하늘을 찌른다

눈칫밥 인생

비 오는 날은 푹 쉬는 날
하루 세끼 챙기고 있는 아내
오늘따라 미안하고 고마워
이럴 땐 어떡해야 하나
칠십 평생 받기나 했으니

나이 드니 아픈 곳 생겨나고
아내도 아픈 소리 낸 지 오래라
보호본능은 있으나마나
오늘따라 저 작은 그릇 소리가
너무 크게 들려오네

좋은 생각은 그때뿐
이 백수 아무거라도 돕고 싶은데
욕이라도 먹어줘야 시원하겠는데
음식 앞에 절로 숙여지는 이 죄인
저 비는 종일토록 나를 나무란다

다리 밑에도 봄은 오는가

묵은 다리밑 꽁꽁 언 줄도 모르고
질주하는 차량아
종일 눌리고 얼리니 도저히 못 버티겠어
얼음 속 발 담가 얼어붙은 버들강아지야
훈풍이 곁에 와 비비고 흔들어도 몰라

음달 두꺼운 얼음은 아직 그대로이고
양지쪽 아지랑이는 고사리손 흔들어
겨울을 지우니
봄 가뭄이 길게 닦달하여도 새싹은 돋아나

긴 강가 해묵은 수풀덤에
잡새들 시끄러운 아지트
물오리 언 날개 아무리 털어도
마르지 않았는데
재감 없이 물속으로 또 뛰어든다

둥지 지키는 노모 1

따뜻한 엄마 품속의 둥지
아직 어리광 벗지 못한 어린것들이
잘 놀고 있었는데
어느새 둥지 털고 달아난 어린 새끼들

꿈같은 내 살점의 채취는
이 둥지에 가득 배어 있는데
오랜 세월 누구 하나 찾아올까
늙어가도 소식이 뜸하니
오늘도 노모만 홀로 눈물 세월이라

떠나간 철새도 제 둥지 찾는데
말 없는 냉랭한 이 세월은
한없이 길고도 지겨워라
밤에도 대문만은 닫지 않아
이제는 저 문도 미워라

둥지 지키는 노모 2

큰 꿈이 자라온 둥지
알맹이는 다 떠나고 빈 둥지만 등 궐
저 어린것들
엄마의 엄한 채찍도 들지 못했는데
어찌 저 험한 세월을 이겨 낼까

잔 나뭇가지에
겨우 펄럭이던 가냘픈 이파리들
세찬 바람 부니 저렇게 떠는데
저러다가 곧 떨어질라
남몰래 정한수 떠 놓고 비는 어머님 맘

망망대해 거친 파도도
네 완고한 외고집으로 넘어라
아무리 엉켜진 혼란한 길에도
직접 부닥쳐 풀어라
중도 포기란 없다

묵은지 탄생

숨 쉬는 큰 항아리 속
오늘도 묵은지 내공은 끝나지 않았어
얼마나 연륜을 쌓아야 짙은 황금빛이 될까
초입에든 김장은 고민이 많다

인고의 세월을 얼마나 버텨야 하나
땅에서 먹고 자유롭게 자란 몸
겨울에만 숙성되는 인고 세월을
혹한에도 끝없이 견뎌내어야 해
죽어도 죽지 않는 온전한 황금 모습으로

연륜이 쌓일수록
고귀한 맛 향이 깊숙이 배여 나
씹을수록 아삭아삭 민족 전통의 맛
자연에 잘 순응해야 보람 찾아
누구도 흉내 낼 수 없는 황금빛 묵은지

부처님 오신 날

바람도 막 쉬어 넘는 산마루
영암사 산중특에 불심 가득 머물고
오늘따라 노승의 염불 소리로
부처님을 감동시키려나
사바세계는 언제나 조용한 불심 속

오공작법 살풀이 활량무 허공에 띄워
부처님 오신 날을 기리고
만사에 얽혀 몸부림치는 인간에게
업장 소멸 향한 준엄한 독송에
두 손 모은 불자들 제 소원을 띄운다

신명 나는 스님의 살풀이춤에
허공의 수많은 죄업들
금방 풀어져 흔적 하나 없어진 맑은 세상아
모처럼 청정한 부처의 세계로
모든 생명이 평화롭다

* 영암사 : 경남 산청군 입석리에 있는 산사

빨랫줄의 미련

양쪽 끝 꼭 잡은 긴 빨랫줄
서로 팽팽해야만 사는 애꿎은 팔자
많은 빨래로 힘이 부치면
큰 장대로 부축받아 행복했었지

세월에 밀려 모두 휑 떠난 지금
텅 빈집에 외로움이 자욱해
이제는 내 할 일 하나도 없어
바람만 외줄 타기 하다가
돌아서며 뭐라고 자꾸 구시렁대

빈집 처마 끝에는
새도 찾지 않고
이제 말없이 돌아앉은 천년바위인가
잡초야 세월아
어찌 너흰 편안히 구경만 하나

새벽에 찾은 진실

아무도 모르는 고요 속
깜깜한 정적이 자욱한 무아지경에
어디서 실낱 빛 한 줄기

오랜 늪에 묻혀 퇴색되지 않고
헤쳐나갈 길 찾던 꿈
깊은 무념에서 만난 너
밝아오면 요란함에 묻혀 못 찾을 것

먼저 너를 만나 앞길이 트이니
잃었던 내 작은 꿈 하나
희망아 이제 욕심내지 말고
힘대로 이뤄보자

선남선녀 사랑

저기 마주 보고 섰는 연인아
하늘에서 곧장 내려와
제자리 안착하기도 전인데
사랑이 그렇게 바빴나

옥황상제의 눈치가 어땠길래
산마루 높은 절벽에서
선남선녀의 깊은 사랑에
하얀 치맛자락 찢기는 것도 몰라

한참 보고 있던 저 고목
제 나이도 잊은 채
혼자 짝사랑하다가
천국의 형벌을 받아 같이 돌로 굳었나

선비 정신

저 공든 탑은 아무리 무더워도
꼼짝 않고 언제나 하늘만 바라보고 있다
비록 인간의 손을 빌렸으나
너도 우리 같이 무더워할 것을

폭염이 제 아무리 푹푹 찐다 해도
저 고목도 늘 제자리에서 견뎌내
태초부터 점잖은 선비 정신으로
대 자연의 진리에 잘 순응해

인간만 한평생 체험하고도
여름 무더위 못 견뎌
모두 아우성인데
저 고목 여기가 좋다고
땅 거머쥐고 놓질 않네

세월은 병자

꿈 잃은 자는 밤낮이 필요 없고
백수는 연휴가 있은들 뭣해
치매 세월은 어찌 그렇게 길까
현재가 있어도 허상일 뿐
세월은 모든 이에게 공평하다 했는가

목표가 바로 눈앞에 있으면
하루해가 너무 짧아
몸이 둘이라도 모자라
늘 긴장 속 용변 볼 시간도 아까와

누구에게나 여유는 분명히 있는 것
흐르는 물도 쏘에서 잠시 머무는데
자투리 시간을 한데 모아 긴요하게 쓰려도
그냥 달아나니 너는 분명히 병자

시詩의 몸부림

한 줄의 시가 채 여물지도 않았는데
벌써 온몸이 간지럽다
천년을 향한 몸부림인가
흩어진 우주의 지혜를 긁어모아
인류의 정서를 구원하고자 팔을 걷어 부쳤다

허공에 용솟음치는 수많은 시어들
갑자기 어디로 튈지 몰라
인간의 감성대로 줄 세우려 마라
목마르게 깊이 갈망하면
제 스스로 자유스러운 멋들이 모여
한 시대의 장엄한 역사 이룰 것

영원한 꿈의 시작
말이 아닌 온몸으로 인류를 위해 태어난다
세월아 너무 조급하지 마라
가다가 시 한 수로 쉬어감도
인간만이 누릴 수 있는 유일한 여유라

와인갤러리

세월에 잠식된 옛 기차굴
와인 음료가 가득
술 향기가 세상 밖으로 풍기니
목이 먼저 알아보고
문 앞을 그냥 지나치지 못하네

무더위에 아우성이 높을수록
칼칼한 목덜미의 전주곡 따라
한 모금 넘기는 이 깔끔함 아
술꾼이 아니더라도 행복해
굴속의 비밀 궁전

언제 어디든 술 익는 향기에
인생 낭만이 흐르는 곳
한동안 끊고 지낸 이 술꾼
냄새만은 못 잊어
갑갑한 목을 틔우니 늙는 줄도 몰라

* 와인갤러리 : 경남 사천시 곤명면 신흥리 완사역 근처에 있는 옛 기차동굴속에 차린 음료 저장고

적막寂寞 속

캄캄한 허공에
거치적거릴 것 하나 없는 무한지대
영靈도 없는 무無의 세계인가
그 흔한 미세먼지 한 점 보이지 않아

우주의 숨소리 들어볼까
두 귀 쫑긋 세워도 느낌조차 없어
그저 밋밋한 허공뿐
귓속에 깊숙이 들려오는 내 맥박에
아 살아 있구나

고철 된 세상에
헝클어져 떠도는 이 어지럼증
아직도 안정 찾지 못하고
헤매고 있을 때
적막이 조용히 보듬는다

정토일념淨土一念

고요한 깊은 적막 속
미물의 숨소리조차 들리지 않는
텅 빈 무한한 우주 속에
점 하나 느껴져

부처님 앞에 일천팔백 배 올려
조금이라도 애써 비우려는데
내 형체는 그대로라
미련은 어쩌자고 껍질만 잡고 버틸까

무념 속 더 깊이 들어가면
보지 못한 부처님 알현할까
갑자기 콕 찌르는 전율에
알 수 없는 이 뜨거움

죄인의 몸부림

인간은 태어날 때부터
많은 업보를 지녔던가
아무리 맑고 순수해도 죄인이라
철들어 저 멀건 하늘을 바라본다

창공에 늘려있는 맑은 공기
생명 발원지에서 솟아나는 생명수
누구의 허락도 없이 여태껏 먹어왔어
이 어찌 중 죄인이 아닌가

모두 다 누구의 것입니까
그러고도 100년을 먹어야 한다니
이 죗값을 어찌 다 갚아야 합니까
이제는 엎드려 빌 염치조차 없습니다

푸른 꿈을 그려라

한없이 높고 맑은 하늘
티끌 한 점 없이 깨끗한 도화지에
나뭇가지 붓으로
내 꿈 하나 크게 그어본다

창공의 청정 혼을 듬뿍 묻혀
찍어야 할 초점 찾아
오직 한 곳에만 집중할 때
잡은 붓끝이 떨려오고 하늘이 노랗게 흔들려
도저히 그릴 수 없네

세상 이치가 그려질 붓 끝에 모여
강력한 불꽃이 일고
온 세상 호흡이 일제히 멎는 순간
나도 모르게 쿡 찍은 점 하나가
제 멋대로 춤을 춘다

하얀 사면赦免

못된 인간이 뱉어놓은 온갖 악업들이
곳곳에 쌓여 공갈로 한창 부풀 때
하얀 눈이 어찌 알았는지
아무도 모르게 수북이 덮으니
온 세상 이토록 평온할까

언제나 맑은 속살
청렴결백으로 뭉친 편안한 넋
저 많은 죄업들 경중 가리지 않고
모두 덮어 조용하도록 잠재우니
어느 누구도 말썽 없는 평화로운 세상
이제야 살 것 같아

죄지은 자
그 진심이 오그라진 고슴도치
저 많은 죄업들 한꺼번에 용서해
아무런 변명도 하지 못한 채
후회의 눈물만 계속 녹아내린다

화마흔火魔痕

범 화마가 핥고 지나간 곳
밤새 세찬 비가 쓸고 닦아도
검게 탄 네 얼굴
태워진 소나무 등걸
온 산야 매캐하게 멍든 냄새

물 뿌려 닦은 곳마다
드문드문 푸른 싹이 일어서고
앙상하게 타다만 나뭇가지는
다시 한겨울 옷이라
그 흔한 산새 소리 하나 안 들려

할 수 없이 약수에 목을 축이니
바가지에 화근내가 배였네
이 산중에 용케 살아남은 병꽃아
네 꽃병에 물 한가득 채워 줄래

3 물이 흐르는 곳에는

가고파라

저 바다 너머에는
어떤 세상이 숨 쉬고 있을까
궁금한 생명 세상아
파도 뿌리가 그곳에서 밀려오는데

어쩐지 미끄러져 가는 배마다
아무 소리 내지 않고
제 흔적 세월에 맡긴 채
잔주름 길게 그어
가물가물 잘도 가

가고파라 저 먼 곳에
어찌 궁금증만 자꾸 실어 보내올까
저 푸른 창공은 알고 있는지
입 꼭 다문 채 저렇게 맑게 웃고만 있어
아마도 멋진 꿈이 사는 곳일 것

공원의 밤

밤하늘에 떠가는 하얀 얼음 조각들
평화 찾아 흐르고
길손들 어둠 헤집고 막 달려도
어두움은 한 점도 찢어지지 않고
그냥 밤으로 조용해

으스름한 가로등 길에
사람만 노는 줄 알았더니
어디서 날아왔는지
불빛 유혹에 날아든 부나비들
무조건 차지하려고 싸우는 저 짓거리

낮에 본 수풀은 제 녹색 모두 잃은 채
길손들 뛰는 소리에
어서 잠들지도 못하고
제 갈 길 찾아가는 저 강물은
밤낮없이 헛세월만 싣고 가네

남강의 밤

평온한 남강 둔치
어둠 헤쳐 열심히 뛰는 사람들
땀 흘려야 건강 줍는다고
이 밤이 사라질 때까지
밤잠 잊은 사람들

어둠이 제 아무리 무겁게 눌려도
잔주름 물결로 이 어두움 밀어내고
수면에 깔아놓은 영롱한 별빛들
소곤소곤 익어가는 남강의 밤

열대야는 팔월의 밤이 무덥고 귀찮아
그냥 강물에 뛰어드니
검은 강물은 아무 일도 없는 듯
폭염의 원흉을 꼭 가둬 놓고
천천히 식혀간다

* 남강 : 경남 진주시를 관통하는 강으로 강변 둔치에 긴 자전거길과 인도가 어우러져 있다

남강의 애환

남강의 짙푸른 물은
원래 하얀 민족의 속살이라
언제나 푸르게 울고 있을 수만 없어
수면에 밝은 혼불 피워 물고
조그만 바람이 건드려도 깜짝깜짝 놀란다

저렇게 짙푸른 물은
먼저 가신 삼천 팔백선인님 멍울 자국
넋마다 한을 다 풀지 못해
비 오는 날엔 이렇게 울고 있다
아직도 전쟁은 끝나지 않았다고

강풍 불고 폭우 쏟아지는 날은
쌓인 울분이 폭발하는 것
저 하늘도 가만히 보고만 있을 수 없어
천둥 낙뢰로 야단치니
한결 가벼워진다

* 남강 : 경남 진주시를 관통하여 흐르는 낙동강의 지류로 선조 때 왜
  적을 물리친 요새지 촉성루가 있다

남강의 푸른 멍울

저 푸른 강물은
세월이 가도 한恨 맺힘이 풀리지 않아
나라 잃은 칠만의 넋이
아직도 수면 위 아픈 역사로 떠돌아
조그만 논쟁에도 민감해지는 물결아

저 파도가 거칠게 우는 날은
싸우다 가신 삼천팔백선인님의 넋
평화롭지 못한 이 현실을 보고
언제나 푸른 멍울로 운다

강풍 불고 폭우 쏟아지는 날
선조님 울분 토하는 날
다시는 울지 말자 다짐해 놓고
큰 비 오면 제도 모르게 파도로 운다

* 남강 : 경남 진주시를 관통하는 강으로 강변 둔치에 긴 자전거길과 인도가 어우러져 있다

둔치의 건강 교실

남강 둔치에 젊음 늘려 있다
잃어버린 제 청춘 찾으려
무조건 뛰고 맨발로 걷는 사람들
나이만큼 걷는 것이 목표라면
앞으로 어떡해

긴 둔치에 지나간 세월이 널브러져 있다기에
혹시 찾을 수 있을지도 몰라
제 젊음 찾으려
질서 있게 뛰고 걷는 사람들아
넓은 둔치에는 사람 꽃으로 환하다

저 강물도 잔잔한 제 주름살 싫은지
물가로 열심히 밀어내건만
물새야 바람아
잉어야 뛰지 마라
내 주름살 그만 만들어라

모래의 꿈

바닷가 모래알은 죄도 없는데
언제 얼마나 두들겨 맞았길래 가루가 됐나
저토록 자잘한 알갱이로 살아남아
만신창이 된 몸 이리저리 팽개쳐진 채
오늘도 소금물에 푹 빠져 절이고 있네

이제는 지나간 검은 세월에
더 맞지는 않겠지만
그냥 부서진 모래 알갱이로 남아
저 우둔한 바위는 되지 않으리라

저기 거품 물고 달려드는 파도야
이제 승산 없는 그 바위 그만 때리고
나처럼 조용히 햇볕 긁어모아
뜨거운 모래찜질이나 하고 놀자

모래의 소명

허공은 늘 뿌연 얼굴쌍
갑갑한 하늘도 곧 터질 지경
일렁이는 바닷물 숨결이 점점 거칠어가
물고기야 절대로 뛰지 마라

저 시커먼 바윗돌도
거친 파도에 저렇게 멍들었어
오늘도 쉼 없이 죽으라 때리고 긁으니
이 검은 세월에 견뎌낼 자 있겠는가

흰모래야 너만은 깨끗해야 돼
푸른 물결에 네 영혼까지
모든 죄업 다 씻고 굴러
거대한 자연의 진실함을 빛내다오

물 비린내

끝없이 퍼붓는 장맛비 꼬리
물비린내가 배여 나오니
온 세상이 징그럽다
깨끗한 수면에 퍼붓는 장맛비
못난 허공이 싸는 오줌인가

언제나 질퍽한 길거리
수많은 차량이 다녀도
물비린내 하나 못 지우니
비위가 뒤집히는 이 메스꺼움아

잠깐 맑은 하늘에
짙은 구름 몰려들면 냄새부터 나
날마다 우산 속에서도 소용없어
언제까지 저 뚫린 하늘만 원망해야 하나

바다 휘파람

짭짤한 바다 향기
번득이는 물결에 눈부셔 오고
높이 뜬 갈매기 떼 곡예술
옹기종기 속삭이는 섬들의 이야기
모두가 조화로운 남극의 무대

무엇이 바쁜지
물살 가르며 신나게 달리는 저 작은 배
날지는 못해도 미끄러져 가는 재주
사람들은 짙푸름 잔뜩 마셔
붕 떠 오르는 저 환호
생명의 소리라

섬 하나 떠내려갈까
두 섬 꼭 잡고 선 긴 줄 다리는
제 피곤함도 모르고 즐거움을 실어 나르고
오늘도 높고 낮은 휘파람 소리는
바람 없어도 즐겨 부르는 콧노래

반가운 빗물 1

오랜 가뭄에 늘어져 우는 이파리
마르고 비틀어져
거친 숨 몰아쉬는 한 낮
언제부터 갈라진 땅엔 흙먼지뿐
저 세월도 목이 타는지 허덕인다

쏟아지는 뜨거운 뙤약볕 열기 속
누구도 피해 갈 수 없는 지구 솥에
땀도 눈물도 메마른 지금
애타게 찾는 생명수 한 방울아

어디서 먹구름이 굴려 가다가
실수로 놓치는 빗줄기 하나
잠깐의 핏줄인가
얼마든지 때려라 맞아서 신나는 생명 줄
환상이거든 깨지 마라

반가운 빗물 2

쏴 쏴
반가운 저 소리 들어보라
분명히 빗물이 떨어지는지
힘껏 가뭄 때려 부수는 이 환상
정말 고마운 장대 핏줄기야

숨소리마저 숨긴 저 먹구름
아직도 저 큰 우주 뒤에는
뜨거운 가뭄이 억눌리고 있을 것
지각 갈라진 틈새 뿌연 먼지도
고열에 못 견뎌 저렇게 마른 눈물로 울어

멀리 달려만 가던 저 먹구름
갑자기 멈춰 돌아서네
저 고마운 선물을 한꺼번에 쏟으니
숨 막힌 생명은 거뜬한 용기로
끝까지 이 땅 지킬 것을 다짐해

비 오는 날

긴 가뭄가루에 불타온 세상
애타던 빗방울이 얼마나 반가웠던지
온 세상이 울다 흘린 눈물바다
무더운 가슴 정리하여 겨우 안정 취하니
허덕이던 대지가 금방 조용해

이제야 산야가 웃고
짙은 녹음 숨소리 들려와
목놓아 울던 풀벌레는 어디 있는지
몸부림치던 산새도 안 보여
처마 밑에 갇힌 인간만 좋아해

아직 땅속에는
푸석한 메마름이 깔려 있고
종일 비 오는 소리에
세속의 가뭄이 즐겁게 씻겨져도
인간은 제 생명수로 만족하는가

빗방울의 꿈

무수히 떨어지는 저 빗방울은
수면에 동그라미만 무한정 그려가
지구 모양을 알리고 싶어
초점 찍어 자꾸 넓혀 나간다

빗물만의 큰 포부인가
높은 상공에서 긴 직선을 긋고
거대한 폭포에 섞여 떠내려가도
그저 동그라미만큼은 철저히 지켜가

큰 바위를 만나도
자꾸 아래로만 흐르는 간단한 철학
동족 만나도 항상 작은 원 하나로 소통해
서로 껴안아 방대해진 대해로
한 우주의 건강함은 우리 둥근표 공로라

영천강 아침상

강변에 일렁이는 대나무숲에
제 키보다 더 크게 어린 죽순을 키우고
멧비둘기는 뭣이 그렇게도 구슬픈지
맑은 아침부터 하늘 향해 울고 있을까

강아지 앞세워 뒤따르는 길손은
밤새 쌓인 노독 받아내기 바쁘고
가로수는 설익은 아침 햇살 삼켜
제 배고픔 달래어
밤새 맺힌 이슬 털어 오늘의 일과 시작해

새벽 찬 강물에
한 발 들고 서 있는 저 왜가리
우장 무장이 참으로 우습네
아침 낚시 삼매三昧에 빠졌는지
잉어가 물살을 튀겨 옷이 다 젖어도
오로지 아침상만 생각하네

* 영천강 : 경남 고성군 영오면과 대가면에서 발원된 영천강은 진주
 시 금곡면에서 만나 남강과 합류하는 지방 2급 하천

우포늪은

세상에서 가장 낮은 자세
어떤 경우에도 진실만 허락된 곳
아무리 시기 질투 악업들이 몰려와도
언제나 평화만 생산하는 생명의 요람터

평생 얕고 넓은 물을 펼쳐서
햇볕 쬐어 따뜻한 온수
온갖 물고기 수생생물이 숨 쉬고
수풀이 멋대로 어울려 함께 사는 용궁

태초의 인간도
물에서 태어나 자손 대대로
강가에서 살아왔어
잊혀간 옛 고향 생명의 원천源泉
하물며 달아나는 저 헛세월도

* 우포늪 : 경남 창녕군 유어면 세진리, 전국 최대의 늪지대

지리산의 눈물

민족의 혼이 배인 지리산에
남모르게 흘러온 긴 눈물
저기 남강물도 푸르게 멍들었어
먹구름아 저리 비켜라
깊은 계곡아 내 앞길부터 터라

너나 나나
울다 지친 한맺힌 한민족의 넋
어찌 이리도 맑아지지 않아
세월아 이제는 용서하자
남강이 저토록 울고 있어

이 허공도 언제나 시끄러워
하루도 조용한 날이 없네
밤새 뜬눈으로 고민하다가
이렇게 벗은 발로 뛰어가련다

* 남강 : 경남 진주시를 관통하는 강으로 강변 둔치에 긴 자전거길과
  인도가 어우러져 있다

진양호 달래기

저기 밀려오는 흙탕물 파도는
배부른데도 흙모래만 끌어와
떠나지 않겠다고 저렇게 버티는데도
아무거나 닥치는 대로라

이곳이 내 고향인데
저 고목 아무리 발버둥 쳐도
부러지고 뽑혀가는 실상
내 살점 토사야 어쩌면 좋으냐
갈수록 앙상한 뼈만 남아

진양호에 모여든 구정 눈물아
어찌 저 맑은 하늘 바라보나
모두가 측은해하니
호반아 이 흙탕물 조용히 잠재워
맑게 해 주오

* 진양호 : 경남 진주시 사천시에 걸쳐있으며 1970년에 건설된 다목
  적 인공호수

칠순 바다야

수평선에 미끄럼 타는 이 세월도
우리같이 아름다운 칠순 할까
용궁문 활짝 열어 환영하는지
물빛이 강하게 번득인다

갑판 위의 칠순은 철없이 시끄럽고
푸른 바닷속은 묻혀있는 청춘이라
짭짤한 이 향기가 낯설지 않아
신나는 저 갈매기도
푸른 청춘 향을 타고 논다

저 망망한 수평선 너머에
우리 환영 말고 무엇이 있길래
춤추는 파도 헤쳐 힘차게 달려도
끝없는 칠순 세계라
우리는 이대로 영원하길

해무海霧

소곤소곤 얘기하는 작은 섬들을
뽀얗게 에워싼 하얀 속치마
기어드는 파도를 소리 없이 삼키고 있다
구름도 아닌 것이
부드러워 잡히지도 않아

높지도 않은 섬 만당에도
뿌연 흰옷으로 모두 가려놓고
종일 무슨 비밀을 꾸는지
누구도 그 근방에서 엿볼 수 없어
더욱 궁금해진다

터주대감 해무는
세상 속을 다 알고 있어도
그냥 모르는 척 청렴함이 배여
항상 학같이 새하얀 날갯짓이라
무지한 인간은 가까이 있어도 모른다

호우 특보

캄캄한 한밤중에
세찬 빗줄기가 온 세상을
닥치는 대로 때려 부수고 난리 나
창문이 흔들리고 건물 뿌리째 뽑힐 듯
갇혀 있는 밤잠만 확 뽑혀 가

인간에게 무슨 원한이라도 있는지
이토록 야단을 칠까
평화를 초토화시킬는지
온 세상 흔들어 놓네
이 땅에 살아남을 자 누가 있을까

저렇게 제 앞도 못 가리면서
급한 저 성미 하나 자신도 모르는지
눈앞의 모든 것 싹 쓸려가는 심사야
거품 물고 천둥 낙뢰로 야단치니
겁에 질려 울지도 못하는 인간들

흙탕물은 1

저 강은 흙탕물로 배 채워
얼마나 힘이 넘쳐나는지
빙빙 돌아 회오리 물로 치솟아
한 것 겁먹은 왜가리 어지러워
높이 날지 못해 나지막이 기어가

저 물은 가는 곳마다 작은 개천이라
무엇이 그토록 바쁜지
서로 뒤엉켜
제 먼저 빠져나가겠다고 저 아우성쳐
인간한테 배웠는가

잠 못 들게 무조건 쏟은 폭우
보이지 않는 허공을 얼마나 씻고 닦았으면
새빨간 핏물만 저토록 요동쳐
물굽이마다 쓰레기만 이고 가면서
무슨 개선장군 의기양양하나

흙탕물은 2

흙탕물 요정은
그저 제 앞만 보고 요동쳐
배고픈 저 왜가리 한 마리
위험도 무렵 쓰고 긴 목을 늘려놓고
제 일에만 전념하고 있어

흙탕물 세례 퍼붓는 잉어는
무엇이 즐거운지
제 갑옷 번뜩여 건재함을 과시하고
종일 굶은 왜가리만
이래 저래 힘이 빠진다

저 흙탕물 죄 없는 나뭇가지
휘어잡고 죽도록 당겨도 절대 꺾이지 않아
물만 뒤집어쓴 채 다시 일어나는 탄탄한 근력
물 빠지니 동시에 일어나
두 주먹 불끈 쥔 채 저 해를 본다

4 알곡은 여름을 먹는다

고구마꽃

이파리 우거진 무더운 밭골에
긴 장맛비가 쉴 새 없이 퍼붓는다
여린 고구마꽃 피지 못해
엄마 배알이 속 애만 태운다

바깥세상이 하도 궁금하여
엄마 배 차고 닦달하나
온 세상은 우중 속 갇혀 있어
언제 비 그칠는지
난세도 모르는 이 여린 꽃송이

폭우가 온 세상을 때려 흔들건만
제 좋아 종일 웃고 울어
품속에서 고개 내민 분홍색 통꽃
무작정 이파리 젖히고 큰소리쳐본다

고추의 매력

태곳적부터
달콤한 사랑으로 태어나
인간과 더불어 애환 달래 온 눈물의 삶
생활이 어려울 때마다
매운맛 감동에 세상사 잊는 순간이 좋아

혹독한 매운맛에 속이 얼얼해
한동안 혼쭐나고도
다시 찾는 재감 없는 사람들
삶이 얼마나 고달팠으면
독한 매운맛 식은땀에서 위로 찾을까

뙤약볕에 자라는 저 어린 고추
금세 빨간 매운맛 내공에 들어가
보기만 해도 벌써 속에서 불이나
갑갑한 인생길이 확 트이니
모두가 너를 화끈해서 좋다네

* 고추 : 가지과의 한해살이풀 열매채소로 매운맛의 민속 양념채소

국화의 꿈

인간과 더불어
웃고 살아온 지 몇 천년인가
내 님은 가을에만 온다 했는가
어디에서 무슨 생각하고 있을까
오는 길은 멀고도 험한 길인가

곳곳에 모여 웃을 생각 하니
벌써 가을이 눈앞에 와있어
폭염이 제 아무리 괴롭혀도
이 한 고비만 잘 넘기면
내 사랑 찾아올 것을

아직은 무더위 꼬리라
어디서 하나둘 웃는 소리 들려
이러다가 모두 웃음보 터질라
어쩐지
나도 같이 웃고 있었네

까치 하는 말

아까부터 까치 한 마리 소리소리
가을이라 먹을 것도 많을 텐데
하필 홍시 하나 열리지 않는
밋밋한 은행나무 꼭대기에서
무슨 말을 하고 있을까

인간들 세상이 하도 시끄러우니
너도 답답해 못살겠는가
네 하고 싶은 말이 그것이냐
까치야 답답한 나는 더 죽겠다
알아듣게 손짓발짓 좀 해봐라

내가 알 수 있는 것은
시끄러운 저 허공에서
네도 같이 시끄러운 것뿐
아무것도 알아들을 수 없으니
우리는 언제쯤 소통하는 날이 올까

난초의 매력

허공 찔러 쭈뼛한 긴 이파리
오직 외고집 하나로 억세게 뻗어
온몸 틀어 하늘을 향하고 있어
가까이 와보니 살랑살랑 순한 날갯짓이라

목축여 놓고 긴 잎을 살며시 닦으니
반질반질 금방 웃는 미소
이제 막 어린 학 한 마리 불쑥 나와
부끄럼도 없이 양 날개 활짝 펼친 채
강한 꿈 향해 학춤을 춰

웃음 속에 살며시 내민 긴 혀 하나
내 시선 붙들고 깊숙이 들어간 보물창고
제 비밀 궁전 하나 살며시 열어
꼭 나만 보란다

딸기꽃의 비밀

새하얀 속치마로 피어난 딸기꽃
옛 조선의 여인아
대자연 예절이 잘 배어 있는 새색시
붉은 품성 꿋꿋한 절개에 세상이 감동해

깊은 꽃 속에 담긴 노란 난황은
자손의 꿈이 가득한 곳
특유의 향기로 온 세상을 즐겁게 해
오직 딸기만 아는 특급 비밀

내 낭군 찾으려 진한 향기 뿌리니
벌 나비 제일 먼저 비집어 들고
열여덟 옛 땐 가슴이 절로 부풀고
온 세상이 화끈거리네

땅콩 줍는 날

봄 심은지 얼마 지났다고
땀으로 영근 밭골이 수북이 불거져
풍성한 포기 잡고 뽑을 때마다
한가득 달려 나오는 땅속의 보물

긴 폭염 내공길
뜨거워도 이파리마다 눈 꼭 감고 참아
목 탈 때마다 하늘 보고 얼마나 울었던가
땅속 새끼콩마다 젖 달라 아우성
걱정으로 영글어진 진실이라

옆구리 서늘한 바람 스치니
악명 높던 무더위 사라지고
알찬 황금알 캡슐만 수북해
맛보지 않고도 고소한 이 알땅콩
땅속에서만 태어나는 콩

밤꽃 사랑

산마루 돌아가는 밤나무 숲길에
짙은 밤꽃 향기가 천지를 진동해
산골에 세상 사랑이 다 모여
지구촌 사랑 진치날

꿩 산새 뻐꾸기 고라니야
모두 어디 숨었는지
코빼기 하나 보이지 않아
밤꽃 사랑 향에
온 세상이 이토록 황홀한가

모두 깊은 사랑에 빠졌는지
세월 가는 줄 모르고
각박한 세상이 외롭게 우는데
온 산골엔 행복만 자욱하네

붉은 농심

봄철에 잘 웃는 고운 딸기
겨울에 심어놓고 추위에 애태우는 농심
어떻게 해야 할지 머리가 멍해
주저주저하는 사이에
배고픈 소리 하나 없이 자꾸 커간다

손 보지 못한 죄책감에 안절부절
미리 학습한 공부는 사라지고
그냥 빈 가슴뿐
금방 먹이를 주고도 자신이 없어
그저 미안할 뿐이다

말 없는 딸기야
흔드는 손짓으로 제 따라 오라네
순진한 여린 농심 손길에
웃던 꽃들이 그새 붉게 부푸니
애타는 이 가슴만 절로 데워져 간다

* 딸기 : 쌍떡잎식물 갈래꽃류 장미목 장미과의 여러해살이풀.

비비추는 안다

통꽃 속의 긴 혀 하나
세상이 궁금하여 더 길게 뻗는데
폭염에 하루가 늘어져 가네
새벽 찬 이슬에 겨우 정신 차린다

무더위 지나가면
주름 하나씩 늘어나는 가슴앓이
저 폭염이 비 맞을 땐 참으로 고소해
이파리에 황금 줄 그어놓고
더운 빗방울 맞으니 간지러워라

짧은 하루 주름 나이 먹고
그윽한 황금빛 사랑하니
벌 나비 모여들어
언제 끝날 줄 모르는 꿈같은 잔칫날

* 비비추 : 외떡잎식물 백합목 백합과의 여러해살이풀

빈집의 망초야

주인 없어 버려진 빈집에
참으로 조용하다 했더니
망초가 새하얀 옷으로 온 뜰안에 펼쳐놨어
함부로 맨발로 디딜 수 없도록 깔끔해

여기가 조상님 요람터였지
순수한 흰옷 차림으로 남아
삶의 애절함이 가득해
노란 황금알 피워 물고 저렇게 흔든다

낮게 가라앉은 잡초들
아무 소리도 못 해
옛 주인님 채취가 하얗게 웃고
풀벌레 소리가 정겨운데
어찌 주인 없는 빈집이라 하는가

* 망초 : 쌍떡잎식물 초롱꽃목 국화과의 두해살이풀 북아메리카에서
  온 귀화식물

산딸기 멋

우거진 제 가시덤불 속에
남모르게 살며시 피어난 산딸기꽃
일찍이 요란함을 알리지 않고
오직 진실만 아는 내숭

어린 풋열매 불끈 거머쥔 손
언제까지 들고 있을 수 없어
무더운 날 태어나 빨간 알맹이 만들어가
사람들아 제 아무리 급해도
풋열매 손대지 마시라
보이지 않는 가시가 사방 돋쳤어

남들은 피하는 무더위에
빨간 내공 쌓는 피 땀방울
더디어 불끈 쥔 손 슬그머니 놓는 순간
탱글탱글 영근 알알이 곧 터질 듯
갓 부풀어진 제 입술로 사랑을 맘껏 부른다

* 산딸기 : 장미목 장미과 산딸기속 나무딸기로 6~7월 한여름에 익는다

산죽의 꿈

우리 조상들이 무더위 피하려고
계곡에 정착한 것이 언제였든가
참으로 시원해서 좋아라
큰비에 떠내려가지 마라고 땅을 꼭 잡네

돌 틈새로 더듬어가며
세상사 어려울 때마다
모두 돌고 도는 우회술
나의 꿈은 지각 감아 보호하는 것

언제나 계곡 물소리 힘차고
시원바람 댓잎 비비는 소리 정겨워
걱정 없어 더욱 가벼워진 몸
언제 폭우가 세상을 삼킨다 해도
잡고 있는 우리 지구는 안전해

* 산죽 (조릿대) : 외떡잎식물 벼목 벼과 조릿대속 대나무

쇠뜨기 일생

길가에 웃고 있는 녹색 털보
눈 뜰 때부터 뱀 대가리로 겁을 주더니
차츰 녹색 긴 바늘로 흔들어
지나는 길손들 부드럽게 반긴다

오월 강한 햇살에
힘껏 커야 하는 쇠뜨기 일생
무더위 오기 전에
마무리 서두르는 하고초夏枯草
머뭇거리다가는 폭염에 녹아져

어릴 적 소에게 들키지 말라고
누누이 가르쳐온 철학
오직 봄철에만 흔드는 녹색털 손
3계절 다 채우지도 못해도
따뜻한 봄마다 웃을 수 있어 좋아라

* 쇠뜨기 : 양치식물 양지에 자라는 여러해살이풀로 여름철에 고사되
   므로 하고초라 한다

오월의 농심

늦어가는 오월 밭둑에 앉은 농심
무엇부터 해야 할지 눈앞이 캄캄하다
하나둘 미루어진 밭 일거리
빈 터에는 벌써 잡초들로 무성해
먼저 앉으면 제가 주인이라고 무조건 우긴다

이미 파종한 참깨는 싹트지도 않아
헤쳐보니 씨앗조차 없어
거짓 없는 땅아 어찌 된 일이냐
부지런한 개미야
산새들아 생명의 씨앗을 지켜다오

참깨 밭골
고추 밭골
고구마 밭골 모두 모여 재잘재잘
잡초야 여기는 네 있을 곳 아니다
제발 농부 소원 좀 들어다오

완전 범죄는 없다

딱따구리 제 배 고프다고
겨울 잠자는 애벌레 찾아
고목 쪼아대는 소리가 산골을 찢는다
꼭꼭 숨어 보이지 않는다고
짓는 죄가 없어질까

소리 하나 숨기지 못해
드러나는 분명한 이 사실을
세상이 다 보고 있는데
지나는 바람도
곳곳에 이 소식 실시간 전해

제만 눈만 감는다고 될까
어리석은 새대가리야
진실을 그렇게 위장하고 돌아서면
그 흔적은 어찌하고
제가 한 짓 아니라고 덮어 씌울 건가

제주 흑돼지

제주 흑돼지도 일반 돼진데
전국의 식객들이 왜 좋아하는 걸까
스트레스 없는 순수한 세상에서
검은색 하얀 맘으로 살아선가

오염 없는 세월 먹어온 진실아
네도 싫은 세월 한점 없었을까
근심 걱정 저 푸른 파도에 씻어버리고
오직 새하얀 꿈만 찌웠구나

저 식객들아
네 흰머리 주름살 느는 것도
오염된 세월을 먹은 것
저 흑돼지 철학 배워
짭짤한 파도에 시커먼 속부터 씻어라

조팝나무의 함성

길가 하얗게 웃는 조팝나무야
찬바람 부는데도 여린 눈물로 피어
잔가지마다 흰 꽃망울 줄줄이 거머쥐고
길손에게 하얀 긴 꼬리 흔들어

혹한 겨울 추위 어떻게 견뎠는가
창공은 아직 차가운데
일제히 팔을 뻗는 용감한 함성아
나라가 어려울 때
백의로 일어난 우리 조상님의 넋인가

찬바람아 그만 불어라
온 세상 하얀 불 지펴 온화해지니
삭막한 늦겨울은 사라지고
이 검은 세월도
새하얀 순수함에 그냥 밀려가네

* 조팝나무 : 장미과 1~2m의 관목으로 4~5월에 작은 꽃들이 무리 지어 핀다

종려나무의 고백

모진 혹한을 둘러쓴 채
온몸으로 견뎌내는 인내길
추위에 찢긴 여럿손가락 부챗살
바람에 우는 이 소리가 참으로 애처롭다

열대는 어딜 가고 네 어찌 여기에 있나
목까지 길게 올린 목도리는
온 정성을 다해 입었건만
뼛속까지 시려오는 이 칼바람은
네 아린 속을 알는지

갈라진 부채 손가락 사이로
찬바람 계속 흘려보내니
한 점 동장군 발붙일 곳 없어
종일 털고 터니 저 창공이 더 푸르구나

* 종려나무 : 야자나무과의 상록교목으로 중국 동남아시아 원산지임.

주홍나물

예쁜 머리꽃 여럿 달고
봄바람에 일렁여 놀던 어린 꽃
악명 높은 폭염에도 용케 살아남아
서늘한 바람결에 솜 씨앗을 흩날려
넓은 허공을 멋지게 난다

주홍빛 사랑의 입술로
무더운 여름을 꾸역꾸역 삼키더니
불그레 달아오른 생명의 불꽃
폭염도 모르고 모질게 익어왔어

어디서 선선한 바람 부니
온몸 간지러워 창공에 비비니
솜털 뭉치 거품 일어
아무 소리 없이
푸른 세월에 하얀 낙화산 높이 떠 가네

* 주홍나물 : 국화과의 한해살이풀로 아프리카가 원산지로 귀화한 식물이다

지구촌 딸기

지구촌 먼 끝자락에서
세계적인 딸기 명성에 이끌려
그만 현장길 나서
밤낮으로 말간 허공을 달려간다

서쪽 끝자락 지구촌도
다 같은 하늘 아래라
긴 굴뚝마다 힘찬 연기가 먼저 반기고
고기잡이 배들은 사방으로 흩어져
어장을 여니 갈매기가 응원하고 있네

어려운 환경에도 고소득이라니
연수중 나도 모르게 새어 나오는 웬 하품인가
저 방대한 기술력 앞에서 절로 고개 숙여져
머릿속이 혼선으로 흔들려도
저 기술만큼은 모두 담아야 해

* 네덜란드 딸기재배 연수길에서

짝 잃은 뻐꾸기

뻐꾸기는 왜 혼자 저렇게 울고 다닐까
날씨는 자꾸 더워지고
오늘도 제 짝 찾아 이산 저산
돌아오는 메아리도 없는데
이웃 꾀꼬리 하도 안타까워 같이 울어

곁에서 달래도
제 눈물보이기 싫어 자꾸 달아나
바람아 이 슬픈 노래는 전하지 마라
산골짝 늦봄이 슬퍼지는 날
유월이 오지 않을까 겁나

녹음은 종일 둥지 지키고
아직 제 짝 소식이 없는지
둥지는 아예 잊고
저 멀리 애타는 소리만 희미해

칡덩굴의 꿈

겨울 내 혹한이
마른 칡덩굴 잡고 그네 타더니
저렇게 깡말라 보여도
제 눈 꼭 숨긴 채 아무 말이 없어

동장군은
묵은 덩굴 이리저리 헝클어 놓고
제 아무리 얼리고 굴러도
오히려 덩굴 속에 둘둘 감긴 채
제 체면에 살려달란 소리도 못하네

언제 훈풍 오는 날
땅속뿌리가 먼저 기어 나와
숨은 눈 줄줄이 틔워
온 산야에 내 멋진 녹음궁궐 지을 것

* 칡 : 쌍떡잎식물 장미목 콩과의 덩굴식물, 다년생식물로 겨울을 넘겨 굵게 커간다

행복한 억새

강둑에 활짝 핀 새하얀 억새는
종일 살랑살랑 창공을 간지러니
저 멍울이 더 푸르게 짙어가
저기가 창공인지 바닷속인지
자꾸만 깊어가는 가을아

바람 없는 날은 부드러운 새색시
수줍어 얼굴 가릴 곳 없어
나만 눈감으면 보이지 않으니
아무도 모를 것
창공에 살짝 숨으니 하얀 세월이 펄럭인다

하늘엔 온통 순백 새털로 날아
선녀 살결 감싼 깃털인가
살며시 삐져나오는 저 푸른 살점은
저토록 맑고 부드러울까
오늘도 창공 닦는 하얀 손수건

* 억새 : 볏과의 여러해살이풀로 산과 들에 잘 자라며 가을에 씨앗이
  달린 하얀 솜털로 나부낀다

5
극기온의 매력은

가을 문득인가

한낮 그 따갑던 햇살이
왠지 어제 같지 않아
갑자기 폭염이 싱거워지니
기다리던 젊은 바람이 섞여 오는지
아직 옷깃에 스미는 소식은 없어

그토록 악명 높던 폭염 폭우야
말 못 하고 따라다니던 무더운 바람아
무엇이 그렇게 괴롭히던가
해 넘어갈 때까지 빨갛게 달궈졌어
그 악명은 어디에 숨어 엿보고 있을까

애꿎은 여린 생명한테만
그토록 난폭하게 굴었어
여름내 악몽으로 단련된 지옥 훈련에
자자손손 대 이어갈 내공에
이제는 그 어떤 악몽에도 건재해

가을 소식

무더위에 죽으라 울던 매미 언제 떠났는지
그새 선선한 바람이 찾아들고
연한 빛 향기는 오색을 불러
아침 영롱한 이슬 살며시 내려와
이파리에 주렁주렁 진줏빛

바람아 불지 마라
늦더위 물러갔는데도
폭염에 늘어져 지친 저 녹음은
짙푸른 창공에 온몸 녹아져
아직도 일어나지 못해

저기 선선한 바람에 들뜬 길손아
벌써 가을 나들이 하는가
섣부른 이름 부르다가
되돌아갈까 겁이 나

공원의 봄

공원 속 신선한 봄 향긴지
어느새 거칠던 겨울이 부드러워 오고
일찍 피어난 꽃 입술이 파르르 떨고 있어
찬바람 밀어낸 봄 전령의 손은 참 따뜻해

훈풍 불자 더욱 밝아지는 얼굴들
온 세상을 빛내네
겨울 잘 이겨낸 공로를 서로 칭찬해
저 까치도 어울려 떠날 줄 몰라

봄 아
이제 그만 웃어라
오늘이 얼마나 좋았길래
종일 놀아도 지칠 줄 모르나
오늘 밤에도 이 환상 이어질까

금조각 소리는

노란 은행 잎이 사방 굴러
오갈 데 없는 마지막 군중아
모두 말간 황금빛 얼굴로
지나온 세월을 똑똑히 기억해

제도 세상사 하고픈 말 있는지
바람에 스멀거리는 소리 나
누구도 알아들을 수 없어
양손에 불끈 쥐고 크게 물어본다

너도 무더운 폭염에 얼마나 울었던가
녹색마저 다 사라진 지금
숨겨 놓은 금빛만 모두 드러내니
푸른 창공이 가까이 다가와
폭염 잘 견뎌낸 공로로 황금빛을 살며시 감싼다

기후야 울지 마라

긴 장마로 꿉꿉한 세상
햇볕 굶어 우는 생명들아
지금도 먹구름이 세상을 가리고 있으니
태양이 무척 그리워 와
어찌 우울함이 판을치나

유래 없는 가을장마 길어지니
한 줌의 햇살로는
햇곡식을 익힐 수 없어 농심은 애가탄다
세상인심마저 흉흉해질까 겁이 나
다가올 겨울이 두려워진다

순조롭던 옛 기후 질서는 간 곳 없고
그냥 먹구름만 판치는 세상아
태양을 어디에 가두어
아무도 알지 못하고 계절만 늙어가
가끔 찢어진 구름 사이로 잠깐의 얼굴이
못 먹어선지 영 말이 아니네

꽃그늘의 멋

삭막이 졸고 있는 산마루에
봄비가 살짝 스칠 때
숨죽여 기다리던 꽃눈이 솟고
겨울 메마른 나뭇가지마다
새 눈 툭툭 터지는 소리 요란하다

성미 급한 꽃봉오리는
제 이파리 제쳐두고
부드러운 속 옷차림으로 튀어나와
이른 찬바람에 온몸 쪼그려 떤다

아련히 하늘을 가린 꽃 숲 속엔
은은히 비치는 하늘 미색이 선녀 살결인가
훈풍에도 떨고 있는 저 꽃그늘
바닥에 가만히 엎드리니
풋 새싹들의 눈망울이 초롱초롱 해

꽃망울의 꿈

양지에 가늘게 솟는 저 아지랑이는
앙상하게 메마른 나뭇가지마다
고운 새싹 데우는 예술이라
미래 피워 올리는 따뜻한 손 길아

바짓가랑이 사이로
살살 간지럽게 기어드는 봄바람아
천천히 서둘러도 늦지 않으니
물오른 꽃봉오리 필 새도 없이 곧 터질라

즐겁다고 크게 웃지 마라
고운 얼굴 다 일그러지면
옛님이 못 알아볼까 겁 나
순수한 웃음꽃 향이 날 때까지
엎드려 기다리겠소

낙엽의 고민 1

낙엽은 가만히 있어도 허공을 날고
창공은 닦지 않아도 짙푸르게 빛나
저 고목은 제 이파리 모두 빼앗기고도
저 계절에 아무런 원망도 않네

떨어진 저 낙엽 아무렇게 굴러가도
누구 하나 위로 한마디 없고
푸른 세상만큼 크게 놀다가
동료끼리 얼싸안고 멋대로 웃어본다

칼바람 부는 날엔
서로 부닥쳐 부서지는 아우성
가을 긴 가뭄 끝 단비 한 줄기에
그대로 멈추어도
옛 추억으로 왜 돌아가지 못하나

낙엽의 고민 2

이파리 하나 거미줄에 걸려
외롭게 흔들리고 있어도
불쌍히 여기는 자 없어
이제 모든 것 다 잊고
창공의 푸른 향이나 실컷 마셔보련다

저 새도 나와 같을까
부지런히 이나무 저 나무라
언제나 자유롭게 나는 활기찬 저 모습
너는 일찍이 복 받았네
거미줄에 걸리지도 않고

바람아 불지 마라
공중의 거미줄도 자유만을 사랑해
깡말라 딱히 갈 곳 없는 이 몸
어딜 가도 혹한 겨울이라
세월아 여기서 구경이나 실컷 하련다

내공하는 화분아

황량한 길가에 늘어선 분재
하나둘 주인 손에 잘 길들여진 이파리 손
넓은 신작로 폭염의 삭막함에도
지나는 길손 향해 행복 손 흔든다

노상에 후려치는 비 다 맞고
무더운 날 바닥에서 오르는 후끈 거림아
가마솥더위 물리치지 못하는 한계에도
스스로 피신도 못하는 팔자

쉴 새 없이 달리는 차량들아
너의 내연에 더 숨통이 막히네
대지는 갈수록 달아오르는 열풍
오늘 밤은 어디에서 꿈 꾸나
이 작은 화분에 갇혀
우는 내 사정을 알기나 할까

녹색 향 일기

한낮 햇살이 대지를 뜨겁게 데우고
오늘은 미세먼지도 서서히 녹아
먼 창공이 가까이 내려와
4월의 풋 녹음을 여물게 익혀간다

먼 산만당의 아지랑이는
제 머리 풀어 춤추어 오르고
창공은 더 푸르게 짙어만 가
훈풍 맛본 산새는 제 짝 찾기 바빠
모처럼 온 산골짝이 시끄럽다

굽이굽이 돌아가는 산마루마다
풋내 머금은 어린 이파리는
제 멋대로 신나게 흔들다가
금방 배고프다고 보챈다

단비의 공로

긴 가뭄에 오는 반가운 단비는
허공에 자욱한 오염물 닦아내고
난세가 갇혀 갑갑함에 못 이겨
군중을 그렇게 닦달했나
이제야 숨통이 좀 터지려나

여름을 태워 떠다니던 폭염이
흙먼지에 잔뜩 둘러싸여 제 형체도 없더니
이제야 가을 단비 한 줄기에
여름 껍질이 녹아
겨우 돌아온 푸른 창공아

이렇게 맑은 창공을
미래도 깡그리 지워진 채
저 오염물들이 온 세상을 덮고 있었어
모두 인간이 저질러놓은 큰 죄악들
오염물질만 탓했어

동장군의 위용

맹추위 한꺼번에 달려들어
힘 잃은 저 낙엽 더미에 냉기를 퍼부으니
서로 맞지 않으려 이리저리 피하고
저 앙상한 나뭇가지 제 이파리 모두 잃어
어찌나 추운지 자지러지게 울어댄다

이 날카로운 칼바람에
길손은 웅크린 채 종종거리고
평온 잃은 세상도 자꾸 오므라들어
저 까마귀 아까부터 왜 울었는지
이제야 알 것 같다

간밤에 겨울비에 얼어붙은 산마루
햇살 찾으려 안간힘 쓰고
쌩쌩부는 동장군은 닥치는 대로 얼려대
초겨울 답지 않게 위용 떨치니
굽어진 이 산길 언제 허리 한 번 펴보나

만추 이야기 1

언제 왔는지 가을 선발대가
나무 깃발을 들고서
잘 익은 이파리부터
빨갛게 달구고 있다

벌써 산골짝에 오색이 요란하고
바람도 조용히 입 다문 채
정상에서부터 가을이 굴러
작은 생명까지 모두 살 찌운다

부지런한 가을은
창공을 언제 저렇게 잘 닦았는지
티끌 하나 없이 맑고 깨끗해
산새들은 가을옷 속에 숨어서
눈알이 빨갛도록 떠들고 있다

만추 이야기 2

높은 산 오색이 성급하게 미끄러져
미처 피하지 못한 녹색 이파리
얼굴에 그냥 묻어
어설픈 색깔에 어안이 벙벙해
무조건 내려가는 가을아

산골의 단풍은
속살까지 잘 익은 부드러운 색상
바람이 붉은 속치마 들추어도
이젠 은밀한 비밀도 성숙된 이파리
가을바람에 이파리만 신이 나

천년 오색 잔치는
제자리에서 아름다움의 극치라
바람아 이제 그만 흔들어라
어지러운 날
갑자기 찬바람 일면 우린 끝장이야

봄비 개이니

계곡마다 힘찬 물소리나
맥 못 추고 웅크린 채
동면하던 친구들아
이제 산골짝을 신나게 떨 썩여 보자
저 음달이 웃을 때까지

낙엽 쌓인 땅 속으로
스멀스멀 기어드는 부드러운 빗물은
늦잠 깨우려 헤집고 다니니
수풀마다 미잠에서 실눈 비비고
허공의 이른 봄은 머리에 떠 돈다

산새들은 각자 제짝 부르러
묵혔던 부드러운 목소리 어설프다
종일 나뭇가지 흔들다가
봄 소리 물소리에 그만 울어버린다

비 갠 틈

간밤의 폭우가 얼마나 노했던지
강둑이 터질 듯 종일 일렁여 흐르고
흙탕물 파도에 아슬아슬 나는 저 왜가리
앉을 곳 못 찾아 걱정되네

굴러오는 저 무거운 먹구름은
조금 남은 오늘마저 모두 덮어
검은 돌풍이 되어
겨우 섰는 저 가로수 마구 휘어잡는다

그토록 난폭하던 비구름
잠시 숨 고르기 할 때
비 갠 틈새
먹구름 헤집고 헤쳐 나온 저 햇살
못된 괴물 속에서도 살아 있었구나

살인 폭염

도대체 체온의 한계는 어디까진가
자연이 만들어 놓고도 몰라
왜 애꿎은 생명을 시험하는가
여긴 지구촌이지 네 연구소가 아니다

빨갛게 달군 저 노을은
서쪽 하늘 다 녹이고
땅에서 솟은 어지러운 열기로
붉은 혀로 종일토록 날름거려

한낮에 작열하던 불볕더위
저 어둠이 덮어 껐는데도
어디서 숨은 열대야가
새벽도 모르고 밤잠을 다 먹었어

서글픈 낙엽아

길바닥에 떨어진 한 해가
제 빛 잃고 힘없이 굴러가도
어느 누구도 관심 없어
저기 무심코 낙엽 쓰는 사람아
너도 쌓인 하얀 세월이 다 빠져가네

남의 힘으로 굴러는 낙엽아
어제 단풍이 한순간에 늙을까
이 어찌 바람 탓만 해
오늘도 보이지 않는 너는
온 세상 늙음 뿌려놓고 어디로 가

모두 힘겹게 살아온 생명 흔적이
아무리 훌륭하면 뭘 해
화려한 경력에 후회만 있을 뿐
세월 탓은 분명한데
왜 모른 척 할까

숲 속 청설모

한낮 건강 찾는 숲 속
한여름 청량한 기운 먹어 가벼운 넋
자연의 맛을 몸이 먼저 알아줘
어디서 나오는 청량한 향기인가
나뭇잎은 열심히 가을을 만들고 있어

나뭇가지 잘 타는 저 청설모는
갑자기 다가온 가을도 모르고
섣불리 먹이 나르다 그만 놓치고는
자꾸 날 보고 시끄럽게 **짹짹**
도둑으로 보나 이 괘씸한 놈

가지 않고 자꾸 저러니
마음이 쓰여 참 기분 나쁘네
제 침 묻은 큰 도토리 하나
잘 보이도록 돌 위에 반듯이 올려놓고
돌아서도 영 기분이 아니네

* 청설모 : 다람쥣과 잿빛 갈색이며 네다리와 귀 긴 털은 검다 종자, 과일, 잎을 먹고 땅속 먹이 저장한다

익어가는 4월아

일찍이 아지랑이 불붙은 봄볕
저 꽃잎은 바람 한 점 없어도
환상의 꽃비로 춤추어 오고
저 분수대 물줄기 등 달아 신이 나
허공에 멋진 곡선 그어 4월은 잘 익어간다

바람결에 우르르 굴러가는
무수한 꽃이파리 구름으로 몰려다녀
아이도 강아지도
저 꽃잎 잡으려 달려가는 동심
오랫동안 잊고 있었던 내 영혼이라

이제 막 트는 새싹은 햇살이 따가워
그냥 눈도 뜨지 못하고
큰 이파리 그늘 속에서
용기 모으는데
저기 봄 입술이 펑펑 날고 있다

폭염 뜯는 사람들

무더위에 허덕이는 사람들
아직 점심때도 이른데
빈자리 하나 없는 식당 사람들은
모두 더위에 홀려
폭염을 죽어라 뜯고 있다

무더위경보는 실시간 울어 대고
노약자는 더운 바깥길을 삼가라고 해
밥맛 잃고 어디든 보양식 찾는 인간들
이 무더위 속에
용케도 살아있는 것에 감사해

펄펄 끓는 닭국물 뜨거움이 치솟는데도
폭염 날개 죽지 쭉 찢어
먼저 고수레 찾아 맛 뵈어
무더위야 보양 먹고 썩 물러가라

폭염 탓 아니야

무슨 업보가 그리도 많은지
혼미한 세상 인간만 아우성인가
태양이 숨은 날도 이토록 무더워
어딜 간들 피할 길 없는 열대야 속이다

지구촌 곳곳에 늘려 있는 우리 업보들
이 순간에도 죄짓고 있는 인간아
기근 폭우 폭염에 혼미한 세상
어지러움이 곧 폭발할 듯

언제부터 우주가 이렇게 데워졌나
오늘도 저 태양은 빨갛게 담금질 중인가
폭염은 어찌하고
인간이 저지르고도 모르는 대 죄악
저 폭염이 우리 대신 타고 있어

하얀 눈가루

누가 하얀 눈가루를 수북이 뿌렸나
발목이 푹푹 빠지게
한 점도 아끼지 않고 마구 퍼부은 흰 가루
하늘은 어찌 저토록 헤플까

온 대지 새하얗게 덮은 풍성한 곡선미
우주의 본색일까
한 움큼 쥐어 먹어보고 비벼보니
반짝이는 은빛 촉촉한 속삭임
냉철한 정신력인가

맑은 창공에서 달려온
청렴한 고운 물 가루의 본성이라
혼미한 세상 모든 죄업 잠재워 놓고
오직 미래 향한 새 출발선상
하얀 눈 같이 깨끗이 살라네

6 우주의 생각을 찾아서

계곡물의 철학

드러누운 큰 바위는 언제나 계곡의 주인
저 푸른 하늘을 평생 연구하고
계곡물은 언제나 겸손으로 납작 엎드려
자꾸 밑으로만 흐르는 외고집

물은 왜 하늘로 오르지 못하고
제 조상이 파놓은 물웅덩이에 모여
서로 부둥켜안고 둥글게 놀고 있을까
후세 만나면 즉시 자리 빼주는 배려
세상에 미련 없는 소통의 순리

저기 너드랑에 허물어질 듯 버티는 나무야
불안해 떠나려고 제 발부터 빼는데
아뿔싸 꼼짝도 않네
고향을 버리지 마라고
스스로 꼭 붙드는 것 좀 봐라

곡선의 멋

하늘에서 매끈하게 미끄러지는 아름다운 선율은
처마 끝에 살며시 드리운 여인의 콧날
가련한 한국 여인의 아름다운 미학美學이라
언제나 볼수록 자연의 예술품
저토록 신기함에 눈을 떼지 못하겠네

제 아무리 세찬 비바람이 몰아쳐도
언제나 한 점 흐트러짐 없어
저 고운 곡선만은 하늘도 못 지워
요철이 뿜는 곡선미曲線美 선율은
바람 없어도 창공 향한 멋진 춤

처마 끝 해맑은 저 풍경소리
창공 닦으려 둥글게 굴러는 뭉게구름
진한녹음 향기 머금어 더욱 맑아지는 창공
이 모두가 제자리에서 참으로 아름다워라
저 무심한 바위도 신이 나는지 가만히 못 있네

나무 빗자루

겨울 하늘 쓰는 나무 빗자루
잠시 하늘가에 세워두었더니
그새 봄볕에 새이파리 달고
어질지 않아도 부지런히 허공 쓸고 있다

미세먼지 밀려오는 날
손 놓고 있어야 하는지
아무리 쓸어도 충충해지는 저 하늘
이것이 나의 한계인가
그래도 쓸어야 해

인간이 뱉어놓은 지독한 죄업은
저 세월도 해결 못 하는지
갈수록 어려운 세상아
오늘도 냉혹한 현실을 쓸어가는
제 소임 다하는 나무 빗자루

낙숫물의 애환

또닥또닥 줄줄
종일 전주곡 없는 낙숫물 소리
그 소리 한 번에 둥근 심정 남기려는데
그냥 사라지니 이 맘 누가 알아줄까

끝없이 그려도 지워져 버리니
같은 소리로 계속 울게 되네
아무리 굵은 눈물 애환이 넘쳐도
그 흔적 하나 남기지 못하니
무슨 죄업罪業 많아 이럴까

하늘이 울면 온 세상은 그냥 눈물바다
저 나뭇잎도 종일 떨고
그토록 떠들던 새들도 조용해
아무도 저 눈물 닦아 주지 못하니
더욱 서글퍼 운다

낮 달아

건강 줍는 길에 만난 희멀건 낮 달아
네 얼굴이 어찌 그리 힘이 없나
연일 폭염에 녹아선지
제도 건강 찾으려 제자리 굴리기 하나

이 뜨거운 폭염에
종일 퇴색으로 버티다가
해 기울자 뜨거운 열기 머금어
점점 붉게 달아올라 목이 타는가

어둑할수록 더욱 빨갛게 익어
내 술잔 위에 떴네
공원길 풀벌레 소리 장단에
우리 멋지게 한잔 해보자

녹음의 예술

산마루에 짙게 펼쳐진 녹음은
저마다 짙어감을 자랑하고
훈풍은 보드란 이파리 살랑 뒤집은 채
흔들어 봄처녀로 유혹해

신록이 산중특을 넘어갈 때
너울이 굽이굽이 뒤따르고
순풍탄 배는 일렁이는 파도에 발맞춰
먼 우주 걷는 즐거운 나그넷길

무한한 저 푸른 하늘 속
온 산야의 녹음들 잔치라
우리 강산은 몇 천 번이나 바꿔져도
어찌 인간은 여기 까질까

마이산의 귀

두 귀 쫑긋 세워
이런저런 지구촌 소식에
몇 천 년을 들어온 인간사 애환
무지한 비난의 소리는 이젠 지겨워라

이 혼탁한 소음을 들으려고
두 귀 세우지 않았는데
온통 헝클린 혼선으로 더욱 어지러워
들을 것 없이 그냥 태양에 태워버려도
그새 가득해

지나는 세월이 무지를 위로 해도
신선한 소식은 없어
오늘 새벽이슬 두 귀 깨끗이 닦아
좋은 소식 오기를 기다려 본다

* 마이산 : 전북 진안군 마령면 마이산로 130 (서봉685, 동봉687)

봉래산의 진실

큰 진주 고을
지켜 온 터주대감 봉래산
긴 남강 젖줄을 걸쳐 놓고
만백성 먹여온 풍요의 요람

남강 둑길 따라 우거진 왕대밭은
큰 수마를 막아주고
진양호 넓은 호수는
재앙을 가두는 현대판 부적

봉황은 언제나 만백성 곁에서
큰일 일어날 때마다
지혜로 죄악 물리쳐온 천년의 고도
오늘도 새 역사는 어김없이 돌아간다

* 봉래산 : 경남 진주시 상봉동에 있는 비봉산(飛鳳山 해발 141.9m)
  의 옛 이름, 비봉산은 일본인이 지은 이름임

봉명산의 넋

하늘 향한 노송은
언제나 넓은 날갯짓이 의젓하고
포근히 감싸 안은 운무는
봉황의 근심 걱정을 달랜다

바람결 솔이파리 비비는 소리는
태곳적 연륜 담아
세상사 안정을 기원해
나라의 왜적을 막아온 호국의 산

오늘도 잔잔히 들리는 산울림은
노송의 평화로운 콧노래
제도 모르게 몰려드는 피곤에
짙푸른 하늘에 푹 싸인다

* 봉명산 : 경남 사천시 곤명면 용산리 (해발 570m), 천년고찰 다솔사가 있다

비 갠 4월은

폭우는 무슨 애환 있어 밤잠 설쳐가며
죽으라 때려 부수는가
아니나 다를까
나뭇가지마다 막 나온 새싹이파리
무조건 패데기 쳐 놓고 어딜 갔어

새 가지 달린 4월은
녹색 살점을 뭉개놓은 채
채 영글어지지도 않은 이 봄을 시샘해
엉망이 된 새싹들 누가 보살펴야 하나

모두 잃어버린 어린 눈 눈
웃음을 잃어버린 지금
찾아올 벌나비에게 면목이 없네
애꿎은 산새도 덩달아 울다
부질없이 빈 가지만 잡고 흔든다

비 맞는 공원

비 맞는 공원길은
반가운 봄비에도 조용한 그림이라
들뜬 봄기운 가라앉히는 날
찹찹한 빗줄기 사이로 들려오는 소리는
내 님의 숨소린가

봄 갈증에 퍼붓는 빗소리는
뛰는 가슴 진정시키지도 못해
공원길 헤매어 임 소식 찾아 나서는 사람아
이파리마다 받았던 빈 소식은 부어버리고
다시 받아 보는가

빈 의자 종일 부풀어진 몸집
얼마나 울었던가
곁에 다가가도 못 알아보는지
이제는 인간마저 미워
빈자리 앉으라 권하지도 않네

빗물과 나팔꽃

간밤에 잠 못 이룬 여린 새싹들
생전 처음 겪는 찬비에
세상이 그냥 호락호락하지 않아
그새 고운 꽃눈마다 눈물이 그렁해

울타리 지키던 나팔꽃
네 나팔이 무거워
고개 들지도 못하고 있으니
누가 죄인이라 하는지
지나는 길손들 눈길 하나 없어

맑은 바람이 이파리 털어 닦고
햇볕이 꽃잎에 살짝 입 맞추니
꽃마다 나팔 소리나
금세 온 세상이 환하게 웃는다

새싹의 너울

온 산야에 봄비 뿌리니
대지의 긴 가뭄 씻어
일제히 일어나는 생명의 함성
아지랑이 없어도 그냥 제 꿈 피운다

양지에는 겨울옷 털고
작은 손바닥 하나하나 곧게 펴
음달한테 같이 가자 해도
꼭 쥔 주먹 도저히 펼 수가 없다네

짙푸른 창공이 가까이 내려와
연노랑 새싹을 포근히 감싸니
마냥 향긋한 꿈같은 선녀살결이라
산마루 고운 너울에 같이 뒹굴어보니
이렇게 보드란 환상 나만 보고 있는가

선학산 일기

몇 닢 남은 단풍잎 애처롭게 떨고 있어
다가올 겨울이 싫어 몸부림인가
오늘 밤 자고 나면 떠나갈 낙엽이라
떠나갈 낙엽이라 눈물이 절로 나
아무리 참으려도 나는 눈물아

산마루 돌 때마다
깨끗이 씻고 닦아 빛나는 저 얼굴들
돌부리까지 환하게 웃고 있어
원래 속내가 이렇게 아름다운데
어찌 떠나고 싶을까

폭염에 담겨 내공해 온 이파리들
과일 잘 익혀 낸 공로로
푸른 창공이 곁에 와
이제는 무거운 짐 벗어 놓고 환상으로 즐기란다

* 선학산 : 경남 진주시 옥봉동 하대동에 있는 산으로 시내 중심부에
  있다 (해발137.4m)

송비산 무거운 옷

우거진 꼬부랑 산길에
늦여름을 떨치지 못하고
긴 머리 치렁치렁 무더움에 허덕일 때
성미 급한 이파리 하나둘 단풍 나이 먹어가

녹음은 늦여름이 더욱 무더워
땀에 젖으면 거추장스럽네
가을은 어디 있는지
손을 내밀어도 무더위 판이라

무심한 저 비행기는
무슨 사연 실고 가는지
넓은 창공을 제 멋대로 헤엄쳐
흰 똥 굵게 그어 목이 다 쉬었네

* 송비산 : 경남 사천시 곤명면 송림리에 있는 산 (해발 243m)

송비산의 천사

송비산 높은 봉우리에
소리 없이 찾아온
새하얀 고운 천사
은가루 뿌려놓고 빤짝빤짝 웃고 있다

맑은 공간
돌두꺼비 머리에도
천사의 얇은 속 날개옷이 덮여
티 하나 없는 깨끗한 옷차림
당초 이런 꿈이었어

산신은
혼탁한 세상을 말끔히 씻으려고
얼마나 애썼던가
숨어 지켜보던 천사들도
고운 송비산한테 손뼉 친다

* 송비산 : 경남 사천시 곤명면 송림리에 있는 산(해발 243m)

신록 예찬

산야의 신록은
무풍에도 짙은 녹색으로 익어가고
저 높은 창공은 먹구름이 닦지 않아도
언제나 짙푸름으로 깊어간다

뻐꾸기 이산 저산 우는 것은
아직 내 어린 새끼
녹음에 젖어 놀다가
집 못 찾아올까 애타는 소리

봄비 한 번마다
시원 향기 내뿜는 우주의 생명
언제 흐려져 울먹이던 저 허공도
신록 향기 한 번에 모두 맑아지는 세상아

아지랑이 진실

먼 하늘에 맞닿은
올록볼록 천년의 옥구슬이
한 어깨로 둥글게 꿰어져
언제나 나란히 지구 지키는 형제 산봉우리들

밤새 새파랗게 달구어
볼수록 청량한 기운이 솟아
아지랑이 천기로
힘 솟는 구슬마다 미래가 피어올라

파란 숨 청량한 향을
모두 마시고도 왜 좋은 줄 모른다
힘차게 뛰는 생명력의 맥박은
봄 아지랑이가 내뱉는 원동력
우리의 미래가 저기에서부터 솟고 있어

아침 녹음상

간밤에 비 흠뻑 맞은 숲
바람 소리에 빗방울 터는 몸짓들
쌓인 우울이 다 떨어지니 날아갈 기분
산새가 더 좋아해

짙은 숲 속
잔잔한 이파리 일제히 고개 드니
온 산야 티 없이 상쾌해
길손들 덩달아 하늘을 날아가는
개운한 넋이라

녹음이 차려놓은
상쾌한 아침 상차림
오늘 이렇게 행복으로 시작하니
산신도 감탄하여 모두 겸상兼床 하자네

익어가는 오월

마른 나뭇가지 황량히 울어대더니
어느새 빗물 머금은 녹색 이파리가
부드럽게 떨고 있어
녹음 향이 걱정하는 몸짓인가

오월의 햇볕 끌어안고
뜨겁게 입 맞추니
금세 온 산야 짙푸르게 멍들어가
적은 바람에도 크게 흔드는 저 손짓

이파리에 맺힌 저 땀방울은
세월을 익혀온 날들이라
푸른 꿈으로 짙게 영그니
창공보다 더 푸르네

칠선계곡 1

언제나 힘찬 소리
제 모습이 보일 듯 말 듯
소沼에서 굽이치는 저 아우성은
무심코 아무 바위나 내리쳐 놓고
아파 우는 천둥 엄살

이글대는 태양의 불길 성미는
짙어가는 녹음 녹이려고
뜨거운 열기로 종일 날름거려도
녹음은 무얼 믿고 저렇게 젊잔 해

넓적 바위는 제멋대로 자빠져
작은 물길 다 막아 놓으니
그만 시원한 안개로 올라간다
물소리에 인간 떠드는 소리 다 먹혀
숲 속에는 무슨 일 있어도 모른다

* 칠선계곡 : 경남 함양군 마천면에 있는 지리산 깊은 계곡으로 3대
계곡 중 하나(3대 계곡 : 설악산 천불계곡, 한라산 탐라계곡, 지리산
칠선계곡)

칠선계곡 2

뜨거운 여름 먹는 계곡물은
쉼 없이 바위 밑을 돌아
아무도 모르게 열심히 식혀
더욱 시원해지는 계곡의 숨은 공로자

바위에 부딪쳐
아파 우는 저 물방울도
금세 뿌연 하얀 가루로
허공에 달아오른 뜨거운 열기 핥고

폭염 세상은 긴 혓바닥 날름거려도
언제나 계곡엔 시원한 웃음소리
바깥 지키는 저 녹음은
뜨거운 햇볕과 열심히 싸우는데
길손은 발 담그자마자 그만 뛰쳐나가네

시의 몸부림

2025년 6월 30일 제 1판 인쇄 발행

지 은 이 | 최인락
펴 낸 이 | 박종래
펴 낸 곳 | 도서출판 명성서림

등록번호 | 301-2014-013
주   소 | 04625 서울시 중구 필동로 6(2층·3층)
대표전화 | 02)2277-2800
팩   스 | 02)2277-8945
이 메 일 | msprint8944@naver.com

값 13,000원
ISBN 979-11-7439-006-6

※ 잘못 만들어진 책은 바꿔드립니다.
  이 책 내용의 일부 또는 전부를 재사용하려면
  반드시 저작권자의 동의를 얻어야 합니다.